이건 뭐지

이규선 시집

초판 발행 2019년 5월 27일
지은이 이규선
펴낸이 안창현 **펴낸곳** 코드미디어
북 디자인 Micky Ahn **교정 교열** 오재령
등록 2001년 3월 7일 **등록번호** 제 25100-2001-5호
주소 서울시 은평구 갈현로 318-1 1층
전화 02-6326-1402 **팩스** 02-388-1302
전자우편 codmedia@codmedia.com

ISBN 979-11-89690-07-6 03810

정가 10,000원

이 책의 판권은 지은이와 코드미디어에 있습니다.
잘못 만들어진 책은 교환해드립니다.

이 도서의 국립중앙도서관 출판예정도서목록(CIP)은 서지정보유통지원시스템 홈페이지
(http://seoji.nl.go.kr)와 국가자료종합목록시스템(http://www.nl.go.kr/kolisnet)에서
이용하실 수 있습니다.(CIP제어번호 : CIP2019017673)

이건 뭐지

이규선 시집

詩人의 말

며칠 전 산을 오르면서
산길 옆으로 작은 구덩이 하나를 발견했다
너구리굴일 것이라 생각하며
그 굴속이 궁금해졌다
구덩이 안에서 작은 영역을 주시하며
살아가는 너구리가 실히
나는 아니었던가 하며
산의 한 고개를 넘는다

십수 년 전 술에 지친 몸을 이끌고 방황할 때
우연히 만난 한 시인의 권유로
시를 쓰기 시작했다
고통스럽게 앓아 오던
알콜중독의 치료를 경험하면서
알콜리즘의 어둡고 몽환적인 불안 속에서
신비하고 깊은, 아름다운 언어로
인생을 표현하는 시문학 세계를 경험했다
비좁고 어두운 지옥에서 탈출하게 되는
특별한 계기가 되었던 것이다

이 책을 출간하면서 많은 알코올 환우들이나
정신적 고통을 앓고 있는 이들이 시를 접하며
만날 수 있는 치유의 기쁨을
경험할 수 있기를 기도한다

이규선

contents

시인의 말 · 4

01

밤 부엉이 외로움

입춘 _ 12 | 터널 _ 13 | 까치집 _ 14 | 겨울비는 내리고 _ 15
감성 _ 16 | 불꽃 _ 17 | 밤 부엉이 외로움 _ 18 | 一生 _ 20
봄 _ 21 | 부조화 _ 22 | 사강거리는 소리 _ 23
상념의 밤에 I _ 24 | 상념의 밤에 II _ 25 | 설화 _ 26

이규선 시집

작품 해설 | 터널을 뚫고 날아오르는 작은 새 · 94
지연희 (시인)

02

고추잠자리

고추잠자리 _ 32 | 칫솔질 _ 34 | 베란다 난간에 매달린 빗방울 _ 36
황금 두꺼비 _ 38 | 귀뚜라미 _ 40 | 연주회 _ 42
베개 _ 44 | 갈담저수지 _ 45 | 가을 백일홍 _ 46
겨울은 이 소리를 알고 온다 _ 47 | 잔설 _ 48
작은 새의 동그란 등 _ 50 | 엘리베이터에서 만난 아기의 눈동자 _ 51

contents

03

도둑고양이

도둑고양이 _ 56 | 쉿! _ 57 | 저녁 _ 58 | 시 안 써지는 날 I _ 59

시 안 써지는 날 II _ 60 | 공백의 삶 _ 61

여름을 더 덥게 하는 것 _ 62 | 엽서 _ 64 | 불안한 행복 _ 65

이렇게 살기로 했습니다 _ 66 | 자화상 _ 67 | 나비 _ 68

청개구리 _ 69 | 징검다리 보이지 않을 때 _ 70

이규선 시집

04

이건 뭐지

그림 _ 76 | 한 절의 시 _ 77 | 수신거부 _ 78

이건 뭐지 _ 79 | 조롱박 _ 80 | 이슬방울 _ 81

이런 가을날이면 _ 82 | 눈 가루 _ 83

미열 _ 84 | 노란 편지 _ 85 | 눈 _ 86

그냥 그대로 _ 87 | 나뭇잎 사랑 _ 88

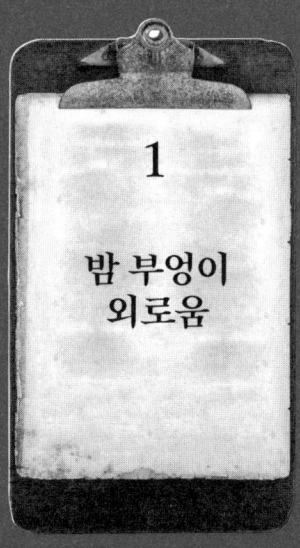

1

밤 부엉이 외로움

입춘

나룻배가
나루에 닿았다
따스한 바람 가득 싣고

물감 뚜껑 열어
붓 끝에 물감 찍은
여인을 태운

나루에
내린 여인
앙상한 나뭇가지에
붓끝을 댄다

나가보자
나루에
북으로 떠날
여인이 싣고 갈
두꺼운 겉옷 들고

터널

호리병에 모가지를 집어 넣어본 사람은 안다.

절벽에 부딪혀 퍼득이는 나비를 보며
지구의 끝임을 알았다.
날개에서 떨어진 분진의 회오리를 따라
호리병을 몇 바퀴 돈 후
겨우 빠져나올 수 있었다.

천천히 맨발로 선
발등 위를 내려다본다.
또다시 그곳이
지구의 시작이었다.

모가지에 거친
숨소리 한 모금 집어넣는다.

까치집

아파트 계단을 오르며
까치집 위로 한발씩 오르고 있었다
사오층 높이의 소나무에
까치가 별을 걸어놓았다

은하수 건너 고향을 그리던 까치가
어느 날 밤은 저편 별까지 날아갔다가
새벽이 오기 전 고향을 물고 지구로 돌아왔다
까치는 별을 나무에 걸어놓고 잠시 잠이 들었다
잠든 사이 아침이 별을 삼켜 버렸다
서러움에 울던 까치는 고향을 그리며
한 줄씩 나무 위에 고향을 그려 나갔다
이제는 별의 품에서 잠을 잔다
또다시 고향을 꿈꾸며

까치의 날개깃에 무지개가 묻어 있다.

겨울비는 내리고

구멍 난 운동화 사이로 스며드는 빗물의 체온이
고장 난 여름을 가리키고 있다
시멘트 벽 하얀 가루를 마시며 야윈 달력 위를
걸어와 마지막 줄 위에 서 있다
몸은 차츰 굳어가는 줄도 모르고

굳어가는 핏줄 사이로
따뜻한 차 한 잔 건네주는 이가 그립다

겨울비는 오는데 삐그덕
회색기러기 한 마리 날아간다

진땀 젖은 기차표 한 장 구겨넣는다

감성

스피커 배꼽이 움직인다
흑인들이 둘러앉아
북을 두드리고 그 안에서
맨발로 땅을 차며
춤을 춘다

꺼져 있는 스피커 안에서
흑인들이 흥이 났다
신기는 흑인들의 것이 아니다
내 것이다

내 안의 신기가 발동한 것이다.

불꽃

네 몸에 불을 붙였구나

단풍아

온몸을 불살라 나의 상처를
치유하고 있구나

네 몸도 뜨거웠는지 손끝에서
놓아버리는구나

시냇물 위에 떨어진 불꽃마저도
꺼지지 않고 있어

사람을 치유하러
떠나가고 있구나

밤 부엉이 외로움

고통이라고 쓴 붕대를 감고
식은땀을 적시며 비틀거리고 기어왔지

썩은 물로 젖은 몸뚱이
구멍 뚫려
서낭당 나뭇가지에 달려 있었지

초점 잃은 눈동자는 가로등 휘청이는
창밖으로 서성거려야만 했는가

챙겨주는 이 없는 물잔을 들고
한 주먹씩 털어 넣은 알약으로
죽어가던 육신의 반쯤은 건져낸 것일 텐데

차가운 그믐달 시선을 창문 살에 걸어놓고
반 시신 끌어가며 시작했던
시 한줄 적어 갈 때

밤 부엉새가 산 아래 쪽에 남기고 간
가락이 생각나는 건
외로움을 달래줄 이유는 결코 아닐 것

一生

세상을 다 돌아다니지 못하고
날개를 접어
빈 의자 모서리에 앉아
지난날의 안식을 찾는다

또다시 바람의 중심을 찾아
떠나보려 하지만
바람도 날개를 지나
허공을 한 바퀴 돈 후
산 너머에서 그냥 주저앉았다 한다.

날개 접이는 가끔씩 삐걱이는 의자에
귀를 대보는 것으로
살아있는 시간만을
확인하고 있었다.

봄

툇마루 처마끝

마당 뒹구던 사기그릇 속
발자국
한 방울 빠져든다

소리. 봄.

물방울 말아 쥔 개나리 손 끝
휘청 빠져들 모양

한 방울 발자욱이
살며시
걸어오고 있다.

부조화

까만 하늘

달

별

성당 앞엔
조명 받은 마리아상

도로엔
어지럽게 돌아다니는 자동차들

옆 집 상점에선
7명을 죽인 살인자의 뉴스 소리

사각거리는 소리

여름 내 그늘 만들어 주더니
가을엔 화려한 옷으로 갈아입고
불꽃잔치까지 열어주었다

이별하는 날
나무 밑에서 사각거린다

헤어지지 말자고

뜨거운 햇살
세찬 바람도 함께 견뎌냈다고

낯선 사람 우직한
발바닥에 밟히지 말고
사랑 많은 이의
책갈피 속에 들어가
따뜻한 잠 자보자고

사각 사각 사각

상념의 밤에 I

음악의 선율아
이 깊은 상념
이 몹쓸 찌꺼기 가져가다오

다 가져가기 힘들면
한 소절만이라도 가져가다오

가져가다 힘들면
옆길에 떨구어라도 다오

상념의 밤에 Ⅱ

고요와 어둠의 습도가
질병처럼 무겁게 내려 앉는다
적막 속에 초침만이 들린다
아직은 살아있을 작은 숨소리로
낡은 디스크 한 장 걸려 있는
상자의 버튼을 눌러 본다
상자 속 피아노 건반 위에
가만히 손을 얹어놓는다
서서히 가라앉은 앙금가루가 은율에 흩어져
하나씩 별이 되어 내려온다

설화 雪花

잣나무 가지마다

쌓여있는

눈송이 아름다우나

글로 그려낼 재주 없어

이렇게 써 놓은 글씨의

가지마다에

눈이 내려와

살포시

쌓여

주었으면

❶ 밤 부엉이 외로움

낯선 사람 우직한
발바닥에 밟히지 말고
사랑 많은 이의
책갈피 속에 들어가

따뜻한 잠 자보자고

사각 사각 사각

― 「사각거리는 소리」 부분

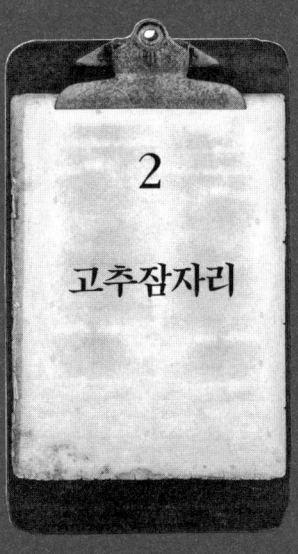

고추잠자리

더 이상 날지 않았다.

한 점이 되어

코스모스와 춤추고
갈대를 간질이던 날개의
떨림도 끝내 멈추었다.

고개를 떨구고 있는 것은
더 높이
더 멀리
날아보지 못한 것을
후회하고 있는지도
모를 일이다.

여름날 소나비를 피하고
참새를 피하는 불안한 비행은 이제
더 이상 하지 않아도 되었다.

나뭇가지에 앉아 그냥 그대로
작은 나뭇가지가 되어버렸다

슬퍼할 이 없는 슬픔만이 남아
그해 가을도 그렇게 쓸쓸히
흘러가고 있었다.

칫솔질

우리 마을 어귀엔
욕쟁이 한 사내가 살고 있었다.
그날 아침도 우물가에서 칫솔을
목구멍에 쑤셔 넣으며 연실 구역질을 해댄다.
어젯밤 지어미에게 못다 한 욕마저 끌어 올리는가보다.
이따금 위장된 허연 죽음을 뱉어낸다.
그는 채식주의자가 아니다.
생선만을 먹는 것도 아니다.
푸른 나물을 반찬으로 먹으면서도
가시를 키워내는 특별한 기술이 있다.
그는 그날도 우물가에서 가시를 닦아내고 있었다.
더욱더 날이 서도록
그의 생의 울타리 안에는 인적이 드물다
사내가 뱉어내는 날카로운 가시를
사람들은 피해갔던 것이다.
그는 결국 자신이 뱉어놓은 가시덤불 속을
빠져 나가지 못하고 일생을 거두었다.
가시밭을 제집으로 살다 간 것이다.

지어미의 상처 난 울음소리만이
가시밭길을 따라 흘러가고 있었다.
그는 약한 자였기에
고슴도치의 생을
모방했던 것이다.

베란다 난간에 매달린 빗방울

장맛비 지척이는 오후
빗줄기 잠잠해진 베란다
빗방울 여럿이 난간에 매달려
안간힘을 쓴다.

곤두박질하려는
물방울 속에서 각이 보인다
창틀로 비추어낸 각
프리즘의 각

빗방울에서
눈물을 본다.
슬픔 속의 각
흐느낌의 각
통곡의 각
멈추어야만 할 각

빗물은 물질로

낙하하지만
눈물은 슬픔으로 무게를
이기지 못하고
떨어지고 있다.

황금 두꺼비

아침이면 먼저
엉덩이 뒤에 놓인 어항 속을 확인한다.
물속에 두꺼비 두어 마리 앉아 있다.
나의 내장 속 수천 리 길을 타고
빠져나온 휴식

두꺼비는 전래동화 속에서 소녀를 구하려고
지네의 밥이 되어준 일이 있다.
어제는 나의 하루를 책임지어주고
기꺼이 물고기의 밥이 되어줄
차례까지도 기다리고 있다

파괴적인 생각을 하였다면
두꺼비는 아마 터져버렸을 것이고
음침한 생각을 하였다면
검은색을 띠었을 것이다.
나의 어제 하루가 두꺼비를
황금색으로 만들었던 것이다.

착한 두꺼비
롤러코스터 태워주자
레버를 당긴다.

귀뚜라미

장마끝
안방 눅눅한 공기 속
방 한가운데로 기어나온
벌레 한 마리

날벌레려니 하고
손바닥으로 내리치려는

순간

손바닥이 공중에 멈춘다.

손바닥 아래
움직이는 엉덩이 통통한
귀뚜라미의 촉수 위로
나의 생명선이 그려져 있다.
운명선 아래로 천천히 기어가는
작은 발가락

가을이 오면
엄지와 검지 사이를 떠난 귀뚜라미는
손바닥 위의 운명선을
작은 손가락으로 튕기며
가을을 노래할 것이다.

연주회
– 베토벤 교향곡 5번 운명을 감상하며

내려다 보이는 곳에
커다란 공작이 날개를 펴고 있다.
한 남자가 걸어 들어와
공작의 머리 부분에 자리를 잡는다.
부리를 세워 깃털을 고른다.
비행 준비가 끝났다.

……

부리를 가리키면
작은 깃털의 울림이 점차 커다란 무늬의
깃털로 움직여간다.
떨림이 강해지면서
잔잔한 바람을 일으키더니
이내 바람을 타고 날기 시작한다.

난다
날고 있다
공작은 모든 이를 태우고

가벼운 몸짓으로 하늘을 날고 있다.
하늘문을 두드린다.
날개를 활짝 벌려 하늘을
열고 있다.
드디어
드디어 천상에 올랐다.

환희가 물결친다
음악은 들리지 않고
천상에는 환희의
무늬만이 날리고 있다.
하늘 아래 두고 온
슬픔과 고통의 눈물이
반짝이고 있다.

베개

　세상 끝자락을 망가진 손톱 끝으로 잡고 있다가 오로라의 문을 열고 들어갔지 젊은 시절의 암호가 문신으로 새겨진 손톱의 뒤꿈치를 자루에 털어 넣고 오늘 밤 나는 주인 없이 버려진 발자국에도 암호를 새겨 넣는다 토해지지 않는 별의 소리를

　이웃별까지만 다녀오겠다던 고장난 우주선을 손바닥으로 게워내며 돌아오지 않는 발자국을 들고 자루 속으로 들어간다 머리 위를 맴도는 우주선을 가느다란 실로 묶어

　자루가 터지기 전에
　버려진 시신이나 임자가 통곡하는 시신이든
　뒷통수는 한 대씩 갈겨 주어야
　가는 길 헤메지나 말거 아니냐

　절간 녹슨 종 때리는 막대기 만들어

갈담저수지

건들면 흘러내리는 눈물은
고일 대로 고였기에
터질 때가 되었나보다.

여기 조그만 저수지의
수위도 그러하듯
수로로 흘러내리는 물을 보며
뇌까린다.

흐르거라

흘러내려야만
물 위에서 노니는
하얀 오리가 더욱 하얗고
물 속에서 춤추는
비단 잉어의 몸매가
더욱 예쁘게 드러나지

가을 백일홍

뼈대만 단단히
붙은 것은 가죽뿐

어쩌다 부는 바람에
옷자락만 서걱거린다

여름날
그린자켓을 입고 팔을 흔들 땐
씩씩했다

얼굴엔 미소로 가득하고
웃음치료도 하고

낡은 옷을 걸친 가을 저녁

천조각만 뼈대에서
흔들거리고 있다.

겨울은 이 소리를 알고 온다

 서울역 지하도 시린 계단 모퉁이 죽음의 그림자를 덮고 오그린 사내의 새벽 4시 각진 잠이 토막으로 이어진다 희미한 내일의 꿈마저도 담아보지 못하고 움직이지 않는 그대로 발길 내디딜곳 없는 아침의 문고리를 놓아 버린 것처럼 움직이지 않던 손이 지하도의 고요를 갉으며 조금씩 움직인다 귀 옆 머리에 베고 자던 신문지 풀어 다리 끝부터 한 겹이라도 더 덮어보려는 소리를

잔설殘雪

대지를 덮어버렸던
하얀 새들
잠시 머물다 날아간 뒤
커다란 나무 밑둥 붙잡고
마른 호흡을 가다듬고 있는
마지막 패잔병의 작은 군집

앉은뱅이 되어 날아오르는 꿈
허리춤에 접고
부러진 날개의 마디쯤에
북극의 고향 터를 묻어 버린
겨울날 오후

땅바닥에 배를 깔고 잔혈을 흘리는
패잔병의 꿈이 차례로
화형되고 있다.

마지막 힘을 다해 고향을 그리며

버티고 있는 그들에게
화형의 잔혹함과 무관심이
오후의 느린 초침으로
흘러가고 있다.

작은 새의 동그란 등

빗물을 살짝 털어낸 작은 새

가슴엔 못다 한 말들이 너무 많아
부리를 조금씩 움직여 보지만
소리낼 수 없어
젖은 날개를 한 입 깨물고

들키지 않을 떨림으로
발등 위에 물방울
한 방울씩 떨어뜨리고 있네.

엘리베이터에서 만난 아기의 눈동자

주먹만 한 눈이
바닥을 가볍게 눌러주는 아침
머리에 얹혀진
눈을 털고 올라탄 엘리베이터

엄마의 품에 안겨
털모자를 눈 아래까지 눌러쓰고
커다란 털 코트까지 덮어쓴 아기
거추장스런 장막을
온힘을 다해 헤치고
빼꼼이 나온 두 눈동자

아가야 미안하다
너의 눈 속에서
나를 씻어냈구나

파괴적인 생각을 하였다면
두꺼비는 아마 터져버렸을 것이고
음첨한 생각을 하였다면
검은색을 띠었을 것이다.
나의 어제 하루가 두꺼비를
황금색으로 만들었던 것이다.

-「황금두꺼비」 부분

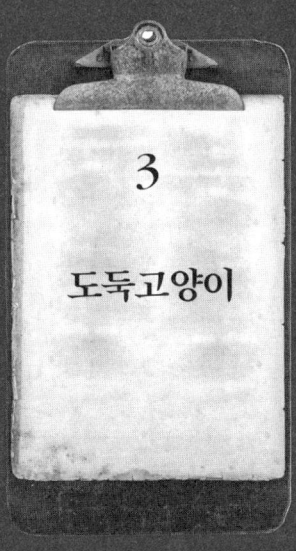

도둑고양이

   기르던 사람과 헤어져 집을 나온 지 오래 아파트 울타리 난간 밑으로 조심스럽게 고개를 내미는 한 마리 살벌한 경계의 눈빛 조심스런 발자국으로 몸 전체를 내어 놓는다 영역 순찰 중 아파트에서 나오는 음식물 쓰레기가 생명의 끈 은밀한 곳으로 이어지는 발자국 위로 그들만의 구역이 나누어지는 경계선이 있다 식량 보유순으로 식당촌 1급 주택지 2급 공장지대 3급 들이나 산 강가 그 외는 3급 이하로 발톱이 긋는 선이 경계일 것
   아파트는 중간 급수에 해당

   일자 눈동자에 빗장이 닫히고 빗장 뒤로 영역이 감추어진다.
   뒤를 따라 걷는 새끼 고양이들의 선한 눈동자에도 빗장이 채워질 것이고 훗날 순서로 지어진 영역으로 그들도 나뉘어져 갈 것이다.

쉿!

작은, 얕은 언덕으로
나비가 날아온다

나비의 날갯짓에서
소리가 났다
작고 부드러운 소리가

뱀이 굴속을 빠져나와 마당을 건너갈 때
조용하고 빠른 소리를 닮은

나비의 소리가 색을 낸다
얕은 산에서 계곡으로 흐르며
연초록빛을

쉿!
내가 건너려는 계곡에 작은 발자욱의 점들이 찍힌다
내 입술에도 검지의
점들이 찍혔다
현기증이 날 것 같은 점들이
졸 졸 졸

저녁

의자에 기대 앉아 바다를 본다

붉은 눈물 한 방울 바다 위에
떨어질 때

지평선을 등지고
날아오는 새의
날개가 보고 싶다
붉은 눈물 입에 물고
동으로 나르는 새의 날개가
새의 날개가

등받이
휘어지는 저녁엔

시 안 써지는 날 I

눈물을 흘려본 지가

내 주머니 속엔 언제부턴가

손수건에 다림질하는 이가 있다.

시 안 써지는 날 Ⅱ

언제 말간 핏방울 하나 떨구었던가

나 자신일지도 모를 누군가 내 심장 위에

물감 한 방울씩 떨구고 있다.

공백의 삶

삶이 아니다
죽었더라도 모를 일이다.
전자사전도 모르고
옛날 책도 모른다.

모르고
모르고
모른다.

힘들고 어두웠던 시절에 기대 볼
누군가가 있었으면 했는데
내 안에 누가 있는 걸
알게 되면서

누군가도
알게 되었다

이 사람아
이 사람아

여름을 더 덥게 하는 것

중복이 지난 지 며칠째
더위는 온몸을 삶아내고
느티나무 아래도 덥다.
일상을 미뤄 놓고 평상에 벌렁 누워
가슴에 흐르는 땀을 훔쳐 평상에 턴다.
한 손은 부채로 파리를 쫓는지
가끔씩 퍼덕퍼덕 움직이고
흐르는 땀이 간지럽다.
초점 잃은 눈동자는
파리 쫓는 일을 잊었나 보다.

옆집 아줌마가
목에다 수건 두르고 몸뻬 바지에
슬리퍼 끌고 옥수수 양재기 하나 들고 온다.
"올개 처음 딴기라예 잡사 보이소" 하며
옆 손으로 밀어 놓는다.
할 말이 더 없는지 반쯤 걸쳐 놓았던
궁둥이 털며 일어난다.

몇 발짝 가다가 멈춰서
슬리퍼 한쪽 손에 들고 올라가지 않는 발
한쪽 발 위에 올려놓고 엎드려
돌가루 털어낸다.
궁둥이 점점 커진다
균형 잡아주는 내 눈동자
더 덥다.

엽서

오늘 아침 화단으로 추운 겨울 뚫고
예쁜 엽서 한 장 날아왔네
주황색 안종이에 글 한 줄 적혀 있다.

좋은 아침이예요.
서두르세요
수줍은 손 잡으러 빨리 가 보세요
두 손에 행복이라는 글씨가 쥐어져 있을 겁니다.

여린 모습으로 손짓하는 잎새 사이
예쁜 엽서 한 송이 놓여 있네

불안한 행복

한가해 보이기는 하나
주어진 시간이 짧아
작은 마디도 마치기가 쉽지 않다

지구를 한 바퀴 도는 것도
여러 날 걸렸을 텐데

태양을 마주보며 돌다가
목숨을 연장했다고 떠든다

부서져버린 마디가
발아래로 쓸려 내려간다

부두에 묶어놓은 밧줄을 움켜쥐고
연장선이라 하며
낄낄 웃고있다

이렇게 살기로 했습니다

아픔이 아픔을
어둠이 어둠을 가져오는 일은
하지 않기로 했습니다.
바위에 바위를 묶어 물속에
가라앉히는 그런 삶을
살지 않기로 했습니다.

가벼운 마음을 가지려
가벼운 사람들을 만나기로 했습니다.

영혼이 맑은 사람들을 만나기로 했습니다.
그들이 표현하는 자유를 만나기로 했습니다.

음악으로 느끼고
가벼운 옷을 걸치고
흥얼거리며
살기로 했습니다.

자화상

아무도 모를
새벽인지
밤인지
먼 강 양쪽 허리춤에
이끼 낀 밧줄을 묶어 놓고
흔들거리는 운명과 함께 올라갔었다.
차오르는 불규칙한 호흡은 타오르는 연기를 마시며
구역질을 올려냈고 바닥으로 토해낸 것은 쉰내 나는 시간들뿐이었다.
건너려고 올라간 것은 아니었음에도 내려올 수도 없는
처절한 허공 발아래로 떨어지려는 끈적한 운명은
한숨 속에 걸려있는 마지막 육신으로
허무한 밧줄에 매달려
흔들거리고 있었다.

나비

커피숍 창가의
한적한 테이블

커피 잔 위에
나비 한 마리 날아와 앉는다.

내 일생 처음 보는 나비

날개 곱게 접고
커피향에 살며시 얼굴을 기댄다.
속눈썹 사이 잔잔한 미소가 흐른다

나비는 한동안
날아가려 하지 않았다.

청개구리

외할아버지는
동네에서 소문난 으름장이셨다.
여름방학 외갓집 대문을 열고 들어가면
토란이
도랑 옆에서 두어 섬 자라고 있었다.
이끼에서 기어오른 청개구리 한 마리
커다란 잎 위에서 발가락 끝으로
물장난을 치고 있었다.
영감님이야 소리를 지르든 말든

오후 장맛비 그치고
화단에 심어놓은 토란잎 위에
그 개구리 수영장을 차려놓았다.
개구리의 자맥질이
옛 기억 속으로 헤엄쳐간다.

외할아버지
마른 기침소리 들려온다.

징검다리 보이지 않을 때

한 걸음씩 떼어놓으며
놓아두었던 돌덩이
빠지지 말고 건너라고 놓아두었다
세월.
물
제 속으로 가라앉았더니
시야에서도 사라진지 오래
이젠 소용없다 싶을 때
돌아서지 마라
신발 머리에 이고 두 눈 지그시 감고 건너라
냇물 건너기 그리 어렵진 않을 것이다
돌맹이 길은 그 자리에 놓여있으니

강 건너편에 앉아 신발 고쳐 신을 때
징검다리 세어보아라
돌덩이 놓아두던 기억을

오후 장맛비 그치고
화단에 심어놓은 토란잎 위에
그 개구리 수영장을 차려놓았다.
개구리의 자맥질이
옛 기억 속으로 헤엄쳐간다.

-「청개구리」부분

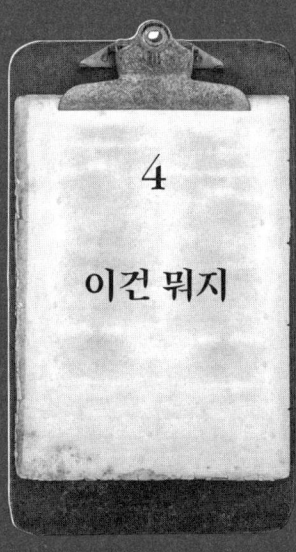

4
이건 뭐지

그림

밤 늦은 술집
네 사람이 앉아있다
술 취한 사람이 심각하게
자기주장에 열중하여
세 명을 설득한다
그 사람 등 뒤에
그림 하나 걸려있다

한 절의 시

질병으로 내려앉은
어둠의 무게를 신음하며
만나고 싶지 않은 밤의 고독을
죄수번호처럼 받아먹었다

침침한 방에 홀로 앉아
낮은 신음소리로
빗살 창문 너머
외로운 달빛을 보며
달그림자에
별이 되어
가신 이가
읊어냈던 시 한 절 새겨본다

동굴 속에서
힘겹게 참아 내다 떨어지는
물방울 소리 되어
영혼이 울리고 있다.

수신거부

겨울 지난 이른 봄날

담장 넘어온
개나리 가느다란 손이
우체통을
툭툭 건드린다

우체통문을 살며시 내려닫았다

회갈색 봉투에 노란 편지지 한통 말아 쥐고
봄소식 전하려 온 우체부 아저씨를
반기고 싶지 않은 것이다

세월을 멈추어 보고 싶은
작은 손짓으로

이건 뭐지

자그만 언덕에
안개가 끼어있다
소리가 난다
안개를 만져보면
간절한
흐느낌에서 오는 끈적임
간혹 따스한 바람이
끈적임마저 차갑게 하고

멀리서도 보이는 선명함이
슬프게
슬프게도
간절하다

조롱박

화단에 꽃나무가 자라고 있다
남의 집 담도 넘고
커다란 나무도 잡고 일어서며 자라고 있다
저녁 때가 되면 꽃이 핀다.
낮에는 수줍어 밤이 되어 핀다
순결한 백색으로 위장을 하고
바람이 불면 여린 손을 흔든다.

시원한 저녁

벤치에 앉아
요염한 여인이 나타나기를 기다리고 있다.

이슬방울

아침 향기
이슬방울 되어
맺혀 있을 때
목걸이 끝에 매달아
꼭 쥐고 살아 봐야지
오늘도 아름다운
하루였노라고
말할 수 있을 때까지

이런 가을날이면

잠자리채 들고
잠자리는 잡지 않으리라.
저수지 뚝방길
갈대 사각거리고
강아지풀 간질이는
길 위에서
물 위로 부서지는
햇살 퍼담으며
가을 길을
지나고 싶다.

눈 가루

반짝 인다

반딧불도 반짝 종이도
아닌 것이 햇볕에
반짝 인다

음악소리도 섞여 덩달아
반짝 인다

보석가루 담으러
자루 들고 나가자.

미열

이마에 손을 대본다.
눈금이 움직이는 듯하다가
이내 멈춘다

미열.

여름비가 지나가고
풀벌레 울어대는 초저녁

실망과 아픔을 무릅쓰고
다시금 사랑을 시작하려 한다

이벤트를 쥐어짜고
헤죽헤죽 웃으며
바보가 되어간다

노란 편지

정원 입구
빨간 우체통

개나리 손끝
봄소식 담은 편지 넣으려 하네

추운 겨울 견딘 노란 편지지 말아 쥐고
우체통 간질이네

따스한 봄소식
전하려 하네

눈

어깨에 걸린 매듭 풀려
속치마 흘러내리고 있네

겉옷 스치는 소리 먹고
허리 지나
발아래로
여인네의 비밀을 바라보는
동공 속으로 속치마는 곤두박질하고
속옷을 잡으려는 손바닥 위엔
허상만 남는데
알 수 없는 여인네의 언어들만이
발아래 채곡이
쌓여가고 있네.

그냥 그대로

흐르는 눈물을 그대로 두자
말라서 남을 염분의 하얀 흔적마저도 닦으려 하지 말자
아픈 시간도 시간으로 흘러가게 그냥 두자
아름다움만 남기려 애써 힘주지 말자
아픔이 스스로 흔적을 남겼다가 지워지도록 그냥 내버려 두자

나뭇잎 사랑

유리창 너머 책상 위로
나뭇잎 살랑이는 그림자를
아침 햇살이 데려온다.

나뭇잎 사이로 부서지는 햇살
바라보는 이의 시선이 따갑다.

뜨겁게 타오르는 사랑
영롱한 빛을 내며 시샘하는 이의
시선을 피하게 한다

은밀한 사랑이
책상 위에 뒹굴고 있다.

아침 향기
이슬방울 되어
맺혀 있을 때
목걸이 끝에 매달아
꼭 쥐고 살아 봐야지

-「이슬방울」 부분

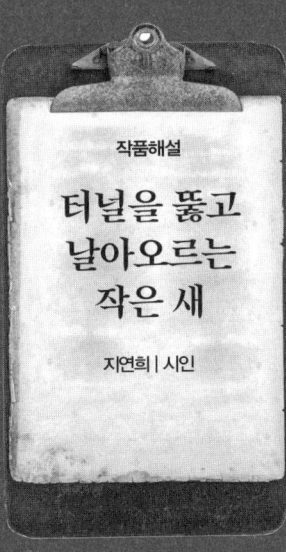

작품해설

터널을 뚫고 날아오르는 작은 새

지연희 | 시인

터널을 뚫고 날아오르는 작은 새

●

지연희(시인)

　　삶은 한 자락 산을 오르는 수도자의 수행 같아서 온전히 자신을 투신하는 면벽참선이다. 더불어 희로애락은 맑은 날에 쏟아지는 소낙비처럼 빛과 어둠의 그림자를 동반하고 있다. 그럼에도 사람은 언제나 행복한 삶을 꿈꾸게 된다. 예기치 않은 고난으로 힘겨운 날들 앞에 고통을 수반하고, 온갖 위해물질로 오염된 현대 물질문명 속에서 우여곡절에 이르게 된다. 까닭일까 얼마 전 모 대학에선 문학치료사 석사과정의 커리큘럼을 신설하여 시문학의 가치를 일반적인 감상에서 치료의 효율성으로 확대시켜 내고 있다. 10년 가까이 전 일이다. 짧은 시간 시인으로 살다가 영면한 이가 있다. 당시 그는 폐 섬유증 환자로 의사로부터 1년이라는 시한부의 삶을 선고받은 상태였다. 하지만 그에게 의사는 시를 써 보라는 권유를 했다고 한다. 의학으로 치유할 수 없는 환자에게 주문한 이 처방은 마음의 안식을 위한 일이었을 것이다. 환자는 어느 날부터 문화센터 시 창작 반에 등록하고 6년의 시간 동안 3권의 시집을 출간하는 열정을 보여주었다. 그는 누구보다 시를

● 작품 해설

작품해설

사랑하는 시인이 되어 행복해 했다. 의사에게 처방받은 삶의 시간보다 5년이라는 시간을 선물 받았으며 마지막 생을 내려놓는 순간에도 시인은 시 쓰기에 대한 열정을 지니고 눈을 감았다. 시는 아픈 마음을 치유하는 위로제이다. 시들어 가는 나무의 고개를 들게 하는 생명수이다.

오늘 첫 시집을 출간하는 이규선 시인은 참으로 특별한 만남으로 시문학회 일원이 되어 마음을 나누는 사람이다. 처음 변별하기 어렵던 시 쓰기 초심자의 그를 만났을 때 '가능할 수 있을까'라는 의문을 던지지 않을 수 없었다. 조금은 남다른 만남이어서다. '저는 알코올 중독자입니다'라고 자신을 소개했으며 치료를 위해 격리되기도 했다는 것이다. 다만 부탁하기를 한 모금의 술도 입에 대지 않도록 유의해 달라는 당부도 곁들였다. 우연히 헤어샵에서 만난 박 시인에게 이끌려 '시 공부를 하면 육신의 병이 치유될 수 있을 것'이라는 권유에 의한 발걸음임을 털어놓았다. '고통이라고 쓴 붕대를 감고/식은땀을 적시며 비틀거리고 기어왔지' 이 시어는 당시 그가 지녔던 심경이었다. 그날 이후 꼭 9여 년 가까이 지나 오늘에 이르러 그는 한 권의 시집을 출간하고 있다. 시인의 시는 영혼이 맑고 순수한 까닭인지 최하림 시인의 시 「이슬방울」을 좋아했다. '이슬/방울/속의/말간/세상/우산을/쓰고/들어가/봤으면' 그렇게 출발한 시인의 시는 다양한 테크닉으로 주제를 완성하는 창작의 일편들을 소개하고 있다. 물론 그는 본격적인 '시인'의 이름을 부여받으며 알코올 중독에서 깨어난 사람이다. 또한 그에게는 깊은 기독교 신앙인의 믿음이 굳건하여 건강을 회복하는 계기가 되었으리라 믿는다.

구멍 난 운동화 사이로 스며드는 빗물의 체온이
고장 난 여름을 가리키고 있다
시멘트 벽 하얀 가루를 마시며 야윈 달력 위를
걸어와 마지막 줄 위에 서 있다
몸은 차츰 굳어가는 줄도 모르고

굳어가는 핏줄 사이로
따뜻한 차 한 잔 건네주는 이가 그립다

겨울비는 오는데 삐그덕
회색기러기 한 마리 날아간다

진땀 젖은 기차표 한 장 구겨넣는다
　　　　　　ㅡ 시 「겨울비는 내리고」 전문

네 몸에 불을 붙였구나

단풍아

온몸을 불살라 나의 상처를
치유하고 있구나

네 몸도 뜨거웠는지 손끝에서
놓아버리는구나

시냇물 위에 떨어진 불꽃마저도

● 작품 해설

꺼지지 않고 있어

사람을 치유하러
떠나가고 있구나
— 시 「불꽃」 전문

　기억의 회로에서 추출된 온갖 삶의 가닥들이 불현듯 감성의 그늘에 다가올 때는 문학인의 본능적 언어구사는 웅기하게 된다. 더구나 이규선 시인이 발굴하게 되는 기억 속 삶의 빛깔은 암울한 고통의 시간들이어서 남다른 감회가 아니겠는가 싶다. '구멍 난 운동화 사이로 스며드는 빗물의 체온'이라고 하는 질퍽한 아픔들이 처연한 슬픔으로 다가서는 시 「겨울비는 내리고」를 감상하다 보면 한때 시인이 짊어졌던 병고의 고난이 얼마나 견디기 어려운 아픔이었을지 가늠하게 한다. '고장 난 여름을 가리키고 있다/시멘트 벽 하얀 가루를 마시며 야윈 달력 위를/걸어와 마지막 줄 위에 서 있다/몸은 차츰 굳어가는 줄도 모르고' 당면한 자신의 비극적 육신의 추락을 절실하게 환기시키는 부분이다. 감당할 수 없는, 극도로 피폐해가던 알코올 중독의 참담함이 시 「겨울비는 내리고」의 언술로 강렬하게 증언하고 있다. 시멘트 벽 하얀 가루를 마시는 한 남자의 생의 의미는 외롭고 고단한 회색 기러기 한 마리였다는 것이다. 삐그덕거리며 어디론가 날아가는 형국의 불안이 가중되는 나날이기도 했다. 하여 굳어가는 핏줄 사이 온몸으로 스며드는 따뜻한 차 한 잔 건네 줄 그리운 이가 그리워지는 겨울의 쓸쓸한 적막을 체감하게 한다.
　반면 시 「불꽃」은 자신의 온몸을 불꽃으로 불살라 '나'의 존재가

지닌 상처를 치유하는 단풍의 헌신을 화자는 애틋한 시선으로 조망하고 있다. '네 몸에 불을 붙였구나/단풍아/온몸을 불살라 나의 상처를/치유하고 있구나' 붉은 단풍을 미학적 대상으로 감상하는 화자에게는 '나의 상처를 치유하는 존재'가 되어 머무르게 된다. 제 몸을 소진하여 나를 키우는 성자의 배려를 피부 깊숙이 느끼는 일이다. 어떤 일이나 또한 누군가를 위하여 자신을 돌보지 않고 혼신을 다하는 대상에 대한 고마움이 이 시를 읽게 한다. 단풍과 나로 융합된 나와 너의 관계가 성립되고 있는 의도는 나아가 '네 몸도 뜨거웠는지 손끝에서/놓아버리는구나/시냇물 위에 떨어진 불꽃마저도/꺼지지 않고 있'다는 너의 헌신을 내 마음의 거울로 비추어 내고 있는 것이다. 종래에는 나뭇가지에서 떨어져 시냇물 위를 흐르며까지 '나'를 치유하기 위하여 떠나가고 있다는 성스러운 존재가 베푸는 배려를 들려준다. 위의 시 「겨울비는 내리고」에서 '굳어가는 핏줄 사이 온몸으로 스며드는 따뜻한 차 한 잔 건네 줄 그리운 이'를 그리워하였다면 시 「불꽃」은 '나를 위해 상처를 치유하고 있는 너(단풍)'의 존재가 보여주는 가없는 희생으로 소통되고 있다. 견딜 수 없는 제 몸의 뜨거움(사랑)이 시냇물 위에 떨어진 낙화임에도 '사람'을 치유하는 단풍의 헌화로 남게 된다.

고통이라고 쓴 붕대를 감고
식은땀을 적시며 비틀거리고 기어왔지

썩은 물로 젖은 몸뚱이
구멍 뚫려

서낭당 나뭇가지에 달려 있었지

초점 잃은 눈동자는 가로등 휘청이는
창밖으로 서성거려야만 했는가

챙겨주는 이 없는 물잔을 들고
한 주먹씩 털어 넣은 알약으로
죽어가던 육신의 반쯤은 건져낸 것일 텐데

차가운 그믐달 시선을 창문 살에 걸어놓고
반 시신 끌어가며 시작했던
시 한줄 적어 갈 때

밤 부엉새가 산 아래 쪽에 남기고 간
가락이 생각나는 건
외로움을 달래줄 이유는 결코 아닐 것
            – 시 「밤 부엉이 외로움」 전문

툇마루 처마끝

마당 뒹구던 사기그릇 속
발자국
한 방울 빠져든다

소리. 봄.

물방울 말아 쥔 개나리 손 끝
휘청 빠져들 모양

한 방울 발자욱이
살며시
걸어오고 있다.
　　　　－ 시 「봄」 전문

　이규선 시인의 시는 빛과 어둠의 명암이 선명한 이중적 구도를 지녔다는 견지에서 작품해설의 기틀을 잡기 시작했다. '시인' 이전의 삶 속에서 느낀 육신의 피폐와도 같은 알코올에 찌든 잔혹한 고통의 시기가 있었다면, 이 고통을 극복하는 과정의 역경, 그리고 시인이 되는 새로운 세상과의 상면으로 나뉘어야 할 것이다. 까닭에 이 양면성으로 드러내는 시편들을 마주하면서 어쩔 수 없는, 혹은 벗어날 수 없는 시간의 간극을 수용하여 언어를 확장시켜야겠다는 의도에 맞추기로 했다. 무엇보다 이규선이라는 남다른 한 사람은 시인의 길에 들어 잃었던 존재의 가치를 회복하는 가운데 지난한 자신과의 싸움에서 승리할 수 있었다고 믿는다. 맑은 영혼을 지닌 사람들, 그들은 시인이며 삶을 관조하는 지상의 순례자이다. 이는 이규선이 걸어야 할 시인으로의 운명적 여정이며 때문에 그토록 아픈 시련을 극복하여 새로운 삶의 여백을 예비하게 하였다는 생각이다. 시詩는 옥쟁반의 구슬처럼 영롱한 목소리를 들려주지는 않지만 가슴 무너지는 깊은 감동의 파열음으로 세상과 소통하는 불사불멸의 힘을 지니게 하는 까닭이다.
　얼마나 소리 없는 아픔으로 울고 있었을지. 시 「밤 부엉이 외로

작품해설

움」을 감상하다 보면 깊은 물에 빠져 허우적거리는 익사 직전의 인물을 만나게 된다. '고통이라고 쓴 붕대를 감고/식은땀을 적시며 비틀거리고 기어왔지/썩은 물로 젖은 몸뚱이/구멍 뚫려/서낭당 나뭇가지에 달려 있었지' 몸뚱이에 구멍이 뚫려서 서낭당 나뭇가지에 달려있었다는 이 시의 첫 연과 두 번째의 연으로 전개하는 언어를 들여다보면 예사롭지 않은 의도와 만나지 않을 수 없다. 예수그리스도의 죽음의 고통을 함께 나누는 사순시기와 사흘 만에 부활의 신비를 몸소 보여주신 4월의 이즈음처럼, 이규선의 시에서 그리스도의 생애를 몸소 실천하는 구도자의 깨달음을 연상하지 않을 수 없는 까닭이다. 시인은 죽음에서 부활로 이르는 절대자의 고통을 '몸뚱이에 구멍이 뚫려서 서낭당 나뭇가지에 걸리게 되는' 아픔의 수난으로 대신하고 있다. 초점 잃은 눈동자로 가로등 휘청이는 창밖을 서성거리며 한 주먹씩 털어 넣은 알약이 죽어가던 육신의 반쯤은 건져 냈다 생각하지만 차가운 그믐달 시선을 창문 살에 걸어놓고 반 시신 끌어가며 시작했던 시 한 줄이 생명 탄생과도 같은 새 삶의 축복(부활의 축복)이었음을 처절한 음성으로 시 「밤 부엉이 외로움」은 들려준다.

  잠깐, 이규선의 시집 한 권에서 축으로 세운 '빛과 그림자'의 혹은 '그림자와 빛'의 순서로 확장되는 스토리에 주목하여 그 의도를 분석해 보았다. 그 같은 의미의 전개에서 깨닫는 칼끝으로 살을 베이거나, 분연히 아픈 다리로 딛고 일어서는, 고통의 시간을 뛰어넘는 의지에 심취하지 않을 수 없었다. 그러나 그 같은 그의 시편 너머에는 경쾌하고 싱그러운 시들이 요소요소 마치 초록 들판에 홀로 핀 들꽃처럼 환한 웃음으로 빛을 밝히고 있다는 점을 확인하게 된다. 심도 깊은 응축으로 축약된 언어의 사뿐한 맛이란 가히 절창이다. 시 「봄」이 담고 있는 절제된 언어의 미학을 일컫는다. '소리, 봄/툇마루 처마 끝/마당 뒹굴던 사기그릇 속/발자국/한 방울 빠져 든다' 시각에서 청각으로 넘어가는, 또한 촉각으로 살펴진 이 음률은 이규선 시인이 얼마나 훌륭한 시인인가를 단적으로 말해주고 있다. 기막힌 이미지 묘사는 청각을 열어내고 촉각을 세우게 한다. '소리, 봄'으로 각인 시키는 봄날의 순간들이 물방울 말아 쥔 개나리 손끝으로 휘청이며 빠져들 모양인 양 한 방울 발자욱이 살며시 걸어오고 있다. 명백한 이미지들이 사물과 사물 사이로 의인화되어 움직이고 있다. 봄날의 빗방울이 마당 뒹굴던 사기그릇 속으로 발자국 한 방울 빠뜨리고, 봄날 물방울 말아 쥔 개나리 손끝이 휘청거리며 빠져들 모양이라는 것이다. 다시 또 한 방울 발자국이 살며시 봄날 속으로 걸어오고 있는 형국이다. 빗방울 하나가 봄날의 대기를 뚫고 걸어오는 모양새가 결 고운 비단의 감촉을 감각하게 한다.

고요와 어둠의 습도가
질병처럼 무겁게 내려 앉는다
적막 속에 초침만이 들린다
아직은 살아있을 작은 숨소리로
낡은 디스크 한 장 걸려 있는
상자의 버튼을 눌러 본다
상자 속 피아노 건반 위에
가만히 손을 얹어놓는다
서서히 가라앉은 앙금가루가 은율에 흩어져

● 작품 해설

하나씩 별이 되어 내려온다
　　　　－시「상념의 밤에Ⅱ」전문

유리창 너머 책상 위로
나뭇잎 살랑이는 그림자를
아침 햇살이 데려온다.

나뭇잎 사이로 부서지는 햇살
바라보는 이의 시선이 따갑다.

뜨겁게 타오르는 사랑
영롱한 빛을 내며 시샘하는 이의
시선을 피하게 한다

은밀한 사랑이
책상 위에 뒹굴고 있다.
　　　　－시「나뭇잎 사랑」전문

　상념의 강은 깊을수록 아픔의 크기를 키울 때가 많다. 그만큼 마음속 떠오르는 생각들은 쉽사리 제 몸체에서 지워버리지 못하는 고뇌로부터 시작된다. 온전히 빠져드는 질퍽한 늪의 속성으로 헤어 나오지 못하는 진흙의 유혹이 상념이라는 병이다. 갈피를 잡을 수 없을 만큼의 통증을 고요의 깊이로 담아낸 시「상념의 밤에 Ⅱ」는 어둠의 크기에 둘러쳐진 그리움을 소환하는 과정이다. '고요와 어둠의 습도가/질병처럼 무겁게 내려앉는다/적막 속에 초침만이 흔들린다/아직은 살아있을 작은 숨소리로/낡은 디스크 한 장 걸려 있는/상자의 버튼을 눌러 본다' 고요와 어둠이 크로스오버되어 질병처럼 무겁게 믹서되는 공간 속에는 시간의 초침이 유리되어진 추억의 한 갈피를 열어내는데 성공한다. 피아노 건반 위에 손을 얹어놓고 서서히 가라앉는 그리움의 코드는 음률에 흩어져 별이 되어 내려오고 있다. 비로소 환희로 열리는 상념의 그늘, 가뭇한 미소를 짓고 있는 기억이 고요롭게 눈을 감게 한다.

 '사랑'을 정독하다보면 '괴로움'이라는 대명사를 만들고 있다는 생각에 이르게 된다. 이규선의 연시 「나뭇잎 사랑」으로 표기된 '은밀한 사랑'의 정의에 닿기 위해 시의 첫 번째 연에 관심을 모았다. 시인이 말하려하는 사랑의 정도를 추적하기 위해서다. '유리창 너머 책상 위로/나뭇잎 살랑이는 그림자를/아침 햇살이 데려온다.'는 창 너머 나뭇잎 사이 부서지는 '햇살'과 이를 바라보는 '이'의 관점이 우선은 매우 객관적이다. 또한 '시선이 따갑다'는 햇살을 바라보는 이에 대한 객관적 관심은 '뜨겁게 타오르는 사랑'으로 가득하다. 그러나 이 시점에서 '영롱한 빛을 내며 시샘하는 이의/시선을 피하게 한다'는 시샘하는 이의 존재에 대하여 주목하지 않을 수 없다. 내 곁의 사랑하는 이가 어떤 대상과 뜨겁게 타오르는 사랑을 나누고 있을 때 '영롱한 빛을 내며 시샘하는 이'가 취할 수 있는 은밀한 사랑법이다. 영롱한 빛으로 순화되어 질투의 화신으로 무장한 비밀한 사랑법이다. '영롱한 빛'으로 이글거리는 불화살의 사랑이다. 드러낼 수 없는 아무도 모르는 사랑의 고녀가 사실은 책상 위에 슬프도록 뒹굴고 있을 뿐이다.

● 작품 해설

빗물을 살짝 털어낸 작은 새

가슴엔 못다 한 말들이 너무 많아
부리를 조금씩 움직여 보지만
소리낼 수 없어
젖은 날개를 한 입 깨물고

들키지 않을 떨림으로
발등 위에 물방울
한 방울씩 떨어뜨리고 있네.
　　　　　– 시「작은 새의 동그란 등」전문

작은, 얕은 언덕으로
나비가 날아온다

나비의 날갯짓에서
소리가 났다
작고 부드러운 소리가

뱀이 굴속을 빠져나와 마당을 건너갈 때
조용하고 빠른 소리를 닮은

나비의 소리가 색을 낸다
얕은 산에서 계곡으로 흐르며
연초록빛을

쉿!
내가 건너려는 계곡에 작은 발자욱의 점들이 찍힌다
내 입술에도 검지의
점들이 찍혔다
현기증이 날 것 같은 점들이
졸 졸 졸
        – 시 「쉿!」 전문

  이규선 시의 결은 앞서 언급했지만 선이 고운 서정시의 정서를 담아내어 기존의 시문학 흐름에 동참하고 있다. 시 「작은 새의 동그란 등」에서 나타난 '작은 새'의 존재적 가치는 여리고 가냘픈 가엾기 짝이 없는 생명의 분신이다. 더구나 몸을 움츠려 동그란 등으로 비를 맞고 있다가 빗물을 살짝 털어내는 언술은 섬세한 시인의 시안이 구축한 특정한 감성의 쾌거라고 생각된다. '가슴엔 못다 한 말들이 너무 많아/부리를 조금씩 움직여 보지만/소리 낼 수 없어/젖은 날개를 한 입 깨물고' 있는 작은 새의 현실은 초라한 아픔의 상징으로 구조되어 독자 앞에 선다. 어쩌면 이 시는 이규선 시인의 자화상이 아닌가 생각하게 된다. 알코올의 폭력에 자신을 잃고 격리되어 자유로이 날아오를 수 없던 시절, 혼신으로 일어서려 하던 고통의 순간을 그려내는 '고독한 아픔의 자아'를 비추어 낸 일이 아니겠는가 싶다. 동그랗게 몸을 말고 자신과 싸우던 철창에 갇힌 새 한 마리의 현신이다. '들키지 않을 떨림으로/발등 위에 물방울/한 방울씩 떨어뜨리고 있네.' 어느 누구에게도 보여주고 싶지 않은 처절한 모습으로 통증의 아픔을 감내하며 발등

작품해설

위에 눈물 흘리던 시간들이 보인다.
 시 「쉿!」에 대하여 생각한다. 다시 이규선 시인이 열어내는 청각적 이미지의 상상적 파동과 만나게 되는데 새로운 세상이 놀라울 만큼 펼쳐지고 있다. 쉿! 이라고 하는, 소리를 제한시키는 이 감탄사에서 시작된 첫 연의 의미가 심상치 않다. '작은, 얕은 언덕으로/나비가 날아온다'고 제시하는 언어의 의도는 작은, 또한 얕기도 한 언덕에 한 마리의 나비가 날아오고 있다는 것이다. 이 시집 속 여러 편의 시에서 드러나고 있는 작은, 혹은 낮다는 언어들의 반복적 의미는 시인의 무의식적 표출이며 이는 시인이 지니고 있는 겸손이기도 하지만 맑은 영혼을 소유한 시정신의 구현이라고 생각된다. 한 걸음 나아가 두 번째 연에서도 '나비의 날갯짓에서/소리가 났다/작고 부드러운 소리'가 들린다는 것이다. 시인의 가슴속 청각을 열어 듣고 있는 나비의 날갯짓 소리마저 '작고' 부드럽다고 한다. 근원적으로 이규선 시에는 '작은 언덕, 작은 나비, 작은 발자국, 얕은 산, 작은 새 등 특별한 의도로 사용하고 있다는 것을 확인하게 한다. 그럼으로 시 「쉿!」 속에는 심도 깊은 소재들의 특성으로 각기 독특한 의미를 제시하기도 하지만 시간의 흐름, 생의 빛깔, 삶의 흔적들을 하나로 묶어 물아일체의 경지로 진입하고 있다. 쉿! 이라는 언어는 경계와 경계를 흐르는 조심성이기도 하지만 작은 발자국으로 흔적을 남기는 삶의 지침이다. 뱀이 굴 속을 빠져나와 마당을 건너갈 때 조용하고 빠른 소리를 닮은 나비의 날갯짓은 너와 나의 생명의 가치가 다름 아니게 동일시되어 살아내고 있음을 전달하는 수법이다. '쉿!/내가 건너려는 계곡에 작은 발자욱의 점들이 찍힌다/내 입술에도 검지의/점들이 찍혔다/현기증이 날 것 같은 점들이/졸 졸 졸' 시인이 적극적으로 표방하는 '작은' 흔적들의 집합을 통하여 이 시는 거대한 세상 속에 살아가는 모든 존재들이 작은 발자국으로 흔적을 남기고 있음을 말하고 있다. 졸 졸 졸 흐르는 시간의 연속 속에서 모두와 함께.

> 아무도 모를
> 새벽인지
> 밤인지
> 먼 강 양쪽 허리춤에
> 이끼 낀 밧줄을 묶어 놓고
> 흔들거리는 운명과 함께 올라갔었다.
> 차오르는 불규칙한 호흡은 타오르는 연기를 마시며
> 구역질을 올려냈고 바닥으로 토해낸 것은 쉰내 나는 시간들뿐이었다.
> 건너려고 올라간 것은 아니었음에도 내려올 수도 없는
> 처절한 허공 발아래로 떨어지려는 끈적한 운명은
> 한숨 속에 걸려있는 마지막 육신으로
> 허무한 밧줄에 매달려
> 흔들거리고 있었다.
>   - 시「자화상」전문

호리병에 모가지를 집어 넣어본 사람은 안다.

절벽에 부딪혀 퍼득이는 나비를 보며
지구의 끝임을 알았다.

● 작품 해설 _____

작품해설

날개에서 떨어진 분진의 회오리를 따라
호리병을 몇 바퀴 돈 후
겨우 빠져나올 수 있었다.

천천히 맨발로 선
발등 위를 내려다본다.
또다시 그곳이
지구의 시작이었다.

모가지에 거친
숨소리 한 모금 집어넣는다.
　　　- 시 「터널」 전문

　아직 끝나지 않은 연극처럼 거듭된 악몽의 노래가 폭포처럼 쏟아져 단장斷腸을 울리고 있다. 오늘의 이 시집은 잊히지 않는 공포의 어둠에서 살아내기 위한 몸부림을 막힌 호수를 뚫어내듯 토해내는 일이다. 그리고 비온 뒤의 맑은 하늘처럼 깨끗이 지우는 일이다. '아무도 모를/새벽인지/밤인지/먼 강 양쪽 허리춤에/이끼 낀 밧줄을 묶어 놓고/흔들거리는 운명과 함께 올라갔었다(시 「자화상」 중에서).'는 순간, 죽음의 공포가 흐르는 강을 바라보며 그가 지녔을 고뇌는 무엇이었을지. '구역질을 올려냈고 바닥으로 토해낸 것은 쉰내 나는 시간들뿐이었다.'는 비감뿐이었을까. 내려올 수도 없는 처절한 허공 발아래로 떨어지려는 끈적한 운명이었음에도 이끼 낀 밧줄에 매달린 마지막 육신으로 흔들거리던 그에게 신의 은총은 '고귀한 생명'을 부여하신 일이다. '호리병에 모가지를 집어 넣어본 사람은 안다.'는 시인의 참담한 삶의 그늘에선 '절벽에 부딪혀 퍼득이는 나비를 보며/지구의 끝임을 알았다.(시 「터널」 중에서)'는 것이다. 날개에서 떨어진 분진의 회오리를 따라 호리병을 몇 바퀴 돈 후에야 겨우 빠져나올 수 있었다는 것이다. 누구도 가늠하기 어려운 오직 혼자 감당해야 했을 생사의 기로에서 그가 바라본 것은 맨발로 선 발등이었다. 발등 위를 내려다보다가 또다시 그곳이 지구의 시작이었다는 생존의 힘으로 그는 '모가지에 거친/숨소리 한 모금 집어넣었다'고 한다. 이제 다시 '아픔이 아픔을/어둠이 어둠을 가져오는 일은/하지 않기로 했다.(시 「이렇게 살기로 했습니다」 중에서)'는 시인의 내일은 까닭에 저토록 밝은 햇살이 비치어지는지 모르겠다.

  이규선 시인의 시 읽기를 이렇게 마무리한다. 삶은 우여곡절의 미묘한 실타래로 묶여 풀어낼 수 없는 한계에 부딪히기가 쉽다. 지난한 고난을 꿋꿋하게 딛고 일어선 시인의 의지가 고맙고 감사할 뿐이다. 캄캄한 어둠의 터널을 뚫고 일어선 시인에게 지난 시간은 튼실한 열매로 익어가기 위한 시련의 시간이었음을 인식하게 된다. 빗물을 털던 작은 새의 창공을 나는 비상은 이미 시작되었고 시인은 시의 언어로 가감 없이 한때의 고난을 털어냈다. 시 「이렇게 살기로 했습니다」, 시 「미열」, 시 「이건 뭐지」, 시 「노란 편지」 등 다 언급하지 못한 시편들의 감동 어린 이야기들은 독자의 자유로운 감상으로 남겨두기로 한다. '시는 개성적 시인에 의하여 가능한 충실하게 기록된 개성적이며 상상적인 경험이다. -Donald A.Stauffer.'라고 했다. 비상한 상상력과 풍부한 경험으로 장식해준 첫 시집의 출간을 축하하며 더 빛나는 시인의 반열에서 문명을 높여 주시기 기도드린다.

● 작품 해설

이건 뭐지

이규선 시집